L'USAGE DES ÉGLISES

ET LEUR AFFECTATION LÉGALE

DANS LE NOUVEAU RÉGIME CULTUEL [1]

MONSEIGNEUR, [2]

Votre présence, toujours enviée, est pour nous une surprise ; elle ne nous étonne cependant qu'à demi, tant sont grandes la sollicitude dont Votre Grandeur entoure nos œuvres et la délicatesse dont elle en accompagne toutes les manifestations. Au nom de mes collègues et au mien, je vous en exprime notre respectueuse gratitude. Elle est pour nous un encouragement précieux et la consécration de l'enseignement que nous inaugurons. Nos remerciements vont, avec une égale sincérité, à Monseigneur le recteur à qui nous devons cette salle et qui avec une exquise bienveillance, dès le premier jour, n'a cessé d'encourager notre entreprise et d'en préparer le succès : à Messieurs les Vicaires généraux, spécialement à ceux qui, venus de diocèses étrangers et pour quelques-uns éloignés,

---

[1] Cette conférence est la première d'une série sur *la législation cultuelle*, que MM. Ch. Jacquier, doyen, Rivet et Ravier du Magny, professeurs à la Faculté libre de Droit, font pendant cet hiver aux Facultés catholiques de Lyon.

[2] Mgr Déchelette, auxiliaire de Son Eminence le Cardinal Archevêque de Lyon.

nous apportent avec l'honneur de leur présence, les encouragements et les bénédictions des Évêques qu'ils représentent ; à vous, Messieurs, prêtres et laïques qui, en un nombre si respectable, êtes venus vous aussi nous entendre et nous soutenir.

De l'innovation qui débute il me paraît inutile d'essayer de bien longues explications, tant elle se justifie d'elle-même ; tant même, j'ose le dire, il semble qu'elle s'imposât.

Depuis les lois dites de séparation, en effet, — qu'on qualifierait plus justement de lois de défiance et d'exception — tout est changé en France de ce qui se rapporte à l'exercice du culte, et particulièrement du culte catholique. Je ne dirai pas qu'une législation nouvelle a remplacé l'ancienne ; il serait difficile, en effet, de reconnaître une œuvre digne de ce nom, je veux dire coordonnée et vraiment organique, dans cet indigeste chaos de textes — lois, décrets, circulaires, instructions de toutes dates et de toutes sortes, qui ne se succèdent que pour se rectifier quand ils ne se contredisent pas — textes souvent improvisés, destinés à pourvoir hâtivement à quelque nécessité que dans l'incohérence (le mot n'est pas de moi) des conceptions primitives on avait omis d'entrevoir ; textes faits le plus souvent de malveillance et de nécessaires prudences ; mais, précisément parce qu'ils ont moins de cohérence et que, néamoins, ils nous régissent, il importe de les connaître et de déterminer tout ensemble ce que nous en devons craindre, et je n'irai pas jusqu'à dire ce que nous en pouvons espérer (l'expression dépasserait sensiblement ma pensée), du moins ce que, en dépit de l'esprit qui les anime, ils peuvent nous permettre de sauver de libertés et de garanties.

Des travaux, dont quelques-uns se recommandent autant par la sûreté de la doctrine que par la science du droit, ont été publiés dans ce but ; puisque l'occasion m'en est ainsi naturellement fournie, je m'en voudrais de ne pas citer, en premier rang, les savantes publications de nos collègues MM. Rivet et Ravier du Magny, et aussi les très intéressantes études de M. de Vallavieille, notamment son dernier traité sur *la Conservation des Églises*. Il nous a paru, néanmoins, qu'une série de leçons parlées dans lesquelles seraient abordées, par des maîtres autorisés, les principales questions qui intéressent notre vie religieuse et charitable ; à la suite desquelles pourraient, dans des entretiens particuliers être posées des questions, fourni des réponses, ne seraient dépourvues ni d'intérêt ni d'actualité. Il a paru également que c'était le rôle naturellement indiqué d'une Faculté catholique d'entreprendre cette œuvre. Et voilà pourquoi, dans une série de conférences, espacées de quinzaine en quinzaine et groupées deux à deux, nous aborderons les différents sujets qu'énumère notre programme (1).

Ces sujets, nous n'avons pas la prétention de les épuiser — il y faudrait l'enseignement d'une année et une chaire spéciale — notre désir et notre but sont plus modestes ; nous nous proposons, dans le cours de cette année, d'en marquer les traits essentiels, d'en dégager les applications principales et d'éviter ainsi à ceux que ces applications intéressent des recherches parfois difficiles, toujours laborieuses ; de leur éviter surtout de dommageables expériences et des tâtonnements où s'épuisent, souvent sans profit, des activités précieuses. C'est dire que notre enseignement sera plus immédiatement un enseignement pratique ; ne négligeant rien sans doute de ce qui, par l'intelligence des textes peut aider aux solutions que chaque jour appelle ; mais, préoccupé avant tout, de faciliter à nos prêtres, à nos directeurs d'œuvres, à tous ceux qui, avec eux, sont absorbés par la lutte quotidienne pour la sauvegarde des âmes et la défense de nos libertés, le service et s'il est, possible, le succès de ces causes saintes entre toutes.

Nous nous considérerons comme suffisamment récompensés de notre effort, si, en dehors de toute recherche oratoire et de toute préoccupation esthétique, nous pouvons pour notre modeste part aider à cette grande œuvre de la défense et de l'organisation religieuses qui compte déjà de si vaillants ouvriers et que chaque jour rend plus nécessaire.

(1) L'usage des églises et leur affectation légale. — Les conséquences pratiques de l'affectation cultuelle. — Charges et responsabilités décrivant de l'affectation. — Le statut légal des ministres du culte. — Le statut légal des ministres du culte au point de vue pénal. — Les ministres du culte et l'enseignement. — Des associations et des Sociétés. — Questions diverses relatives aux œuvres catholiques.

Ceci dit sur notre but et sur la façon dont nous nous proposons de l'atteindre ; sur le bien, qu'avec la grâce de Dieu et votre participation, nous nous permettons d'en attendre, j'entre sans autre préambule dans l'étude du sujet qui m'est échu, je veux dire : *L'usage des églises et leur affectation légale.*

Dans sa conférence de demain, mon collègue M. Rivet, rompu par une longue et inlassable expérience aux innombrables détails de toutes ces questions, insistera sur les conséquences pratiques de cette affectation : l'accès de l'église, le droit aux clefs, la sonnerie des cloches, etc. Aujourd'hui, je m'en tiendrai aux principes de la matière, si tant est qu'on puisse y rencontrer des principes. En d'autres termes, je rechercherai si les catholiques ont un droit sur leurs églises ; s'ils en ont un, quel il est ; à quoi il s'applique, à qui il profite ; enfin, au cas où ce droit serait méconnu, quelle judiction est compétente pour en proclamer l'existence et en assurer le respect.

I

Et d'abord, à qui appartiennent les Églises? Cette question, à la vérité, ne figure pas expressément au programme qui ne vise que leur usage. Mais il serait bien difficile, pour ne pas dire impossible avant de s'expliquer sur cet usage, et précisément afin de pouvoir s'en expliquer utilement, de ne pas dire quelques mots au moins de leur propriété.

C'est par là que je commence.

La propriété des églises n'a fait pendant toute la période concordataire l'objet d'aucune disposition législative précise. Les seuls textes qui s'y rapportent sont : 1° l'article 12 du Concordat (Loi du 18 Germinal an X), lequel était ainsi conçu : « Toutes les églises métropolitaines, cathédrales, paroissiales « et autres, non aliénées, nécessaires au culte seront mises à la « disposition des Evêques » ; 2° l'article 75 des articles organiques qui, sous cette rubrique « *des édifices destinés au culte* » s'exprimait ainsi : « Les édifices, anciennement destinés au

« culte catholique, actuellement dans les mains de la nation,
« à raison d'un édifice par cure et par succursale, seront mis
« à la disposition des Evêques par arrêtés des préfets des
« départements ». A quoi l'article 76 ajoutait : « Il sera établi
« des fabriques pour veiller à l'entretien et à la conservation
« des temples ». Ainsi la loi mettait à la disposition (c'est la
locution devenue traditionnelle en cette matière), mettait,
dis-je, à la disposition des Évêques, dans les conditions que
je viens d'indiquer, les édifices non aliénés, anciennement
consacrés au culte, et nécessaires à son exercice.

Mais qu'était-ce que cette *mise à la disposition* des représentants du culte? Quelles conséquences juridiques en fallait-il
tirer, notamment au point de vue de la propriété? Aucun texte
ultérieur ne l'avait précisé.

Pour les églises métropolitaines ou cathédrales, on tomba de
suite d'accord qu'elles restaient la propriété de l'Etat.

Mais en ce qui concerne les églises paroissiales, au contraire,
une vive discussion s'engagea, qui se prolongea en réalité
jusqu'aux lois nouvelles.

Suivant les uns, l'Etat n'avait pas fait l'abandon complet
de ses droits sur les édifices dont il se dessaisissait ainsi. Il
en avait abdiqué l'usage au profit des fidèles, mais il en gardait la propriété.

Dans un second système, on soutenait que cette propriété
avait, au contraire, été définitivement abandonnée par lui ;
mais « qu'il l'avait cumulativement déposée entre les mains
« des communes et des Fabriques dans l'intérêt exclusif et
« perpétuel du culte ».

A en croire d'autres auteurs, c'étaient les paroisses, ou plus
exactement les Fabriques qui, préposées désormais à l'organisation et au service du culte, étaient devenues propriétaires ;
et cette dernière solution, que fortifiaient de puissantes considérations de justice et d'équité, quoique ne comptant plus
sur la fin que de rares défenseurs, garda néanmoins jusqu'au
bout des partisans résolus et autorisés.

L'opinion qui finalement l'emporta, et rallia, avec la
grande majorité de la doctrine, la presque totalité de la jurisprudence tant administrative que judiciaire, fut que, en ce

qui concerne les églises paroissiales, la propriété en appartenait aux communes. Au surplus, tout en le proclamant, on
ajoutait que c'était là une propriété d'une nature spéciale,
« échappant par cette nature même aussi bien aux règles de
« la propriété privée qu'à celles de l'usufruit. Dépendant du
« domaine public communal, écrivait M. Ducrocq, ces églises
« ne peuvent qu'être l'objet d'une mission de conservation et
« de surveillance dans l'intérêt public ; mission qu'il appartient
« à la commune et à la Fabrique d'exercer parallèlement
« et dans une mesure égale. »

Ce qui n'était jusqu'en 1905 qu'une jurisprudence est devenu, à cette date, de par la loi du 9 décembre, une vérité
législative. Aux termes de l'article 12, en effet, « les édifices
« qui ont été mis à la disposition de la nation, et qui en vertu
« de la loi du 18 Germinal an X servent à l'exercice public
« des cultes (cathédrales, églises, chapelles), sont et demeu-
« rent propriété de l'Etat, des départements et des com-
« munes. » Et le même article ajoute qu'il en est de même de
leurs dépendances immobilières et des objets mobiliers qui
les garnissaient au moment de leur restitution. Ainsi,
pour tous les édifices qui avaient été à la suite et en exé-
cution de la loi concordataire rendus au culte, l'état ancien
était maintenu et consolidé. L'Etat restait propriétaire des
églises métropolitaines et cathédrales ; les communes des
églises paroissiales. Il ne paraît pas d'ailleurs que, à ce
point de vue, sinon à titre tout à fait exceptionnel, il y ait à
s'occuper des droits des départements. Même solution pour
les édifices que, postérieurement à la loi de l'an X, l'Etat, les
départements ou les communes pouvaient avoir construits.
De par le droit commun, ils continuent à appartenir à celui
qui en a été l'édificateur. Restait une troisième catégorie, je
veux parler des églises (et elles étaient nombreuses, les statis-
tiques officielles les ont évaluées à 1700) qui, pour des raisons
d'ailleurs diverses, étaient entrées dans le patrimoine des Fabriques ; soit parce qu'elles avaient été construites par elles,
soit parce qu'elles leur avaient été attribuées en vertu des
décrets des 30 mai 1806 et 17 mars 1909.

Celles-là, parce qu'elles appartenaient aux Fabriques, devaient suivre le sort des autres biens fabriciens, c'est-à-dire qu'elles devaient, avec le reste du patrimoine paroissial, être dans l'année qui suivrait la promulgation de la loi nouvelle, transférées avec leur affectation spéciale par les représentants légaux des établissements supprimés aux associations cultuelles à créer.

Je ne parle pas, bien entendu, des églises ou chapelles dont les particuliers ou certains établissements publics comme les hôpitaux pouvaient être propriétaires ; en ce qui les concerne rien n'est changé.

Toute cette réglementation supposait la création, dans l'année, de ce rouage essentiel que devaient être dans la nouvelle organisation les associations cultuelles.

Vous savez tout, ce qui, avec une rare habileté, a été mis en œuvre, pour y amener les catholiques : promesses, menaces, tentatives de schisme, industries de toutes sortes et de toutes provenances. Un instant, devant l'imminence et l'importance des ruines, on put croire que l'expérience allait être tentée. Grâces à Dieu, et par lui grâces à la clairvoyance inspirée et à la providentielle fermeté de notre grand et immortel Pie X, le péril, dont la gravité éclate aujourd'hui à tous les yeux, a été évité.

Les associations cultuelles sont restés lettre morte et nous avons eu cet incomparable et grandiose spectacle de nos Evêques et de nos prêtres sacrifiant tout (on sait ce qu'était ce tout), plutôt que de laisser entamer la hiérarchie et l'intégrité de la discipline. L'Église de France n'est plus seule aujourd'hui à s'en pouvoir honorer : encouragé par nos exemples l'Episcopat portugais ne se montre ni moins résolu, ni moins intransigeant, et au sud des Pyrénées comme au nord, les associations cultuelles ont vécu, avant même que de naître ; car on ne peut tenir pour sérieuses les quelques contrefaçons qui en ont été tentées et que le ridicule a tuées avant que le bon sens ait eu à en faire justice.

La conséquence, au point de vue qui nous occupe, c'est que les Fabriques, ayant, à partir du 9 décembre 1906, cessé d'exister, et, d'autre part, aucune dévolution n'ayant été faite de leurs biens par leurs représentants, ces biens — y compris les églises dont elles étaient propriétaires — se sont trouvés placés sous séquestre, en attendant une attribution définitive conformément à l'article 8 de la loi.

Cette attribution ·devait être faite, disait l'article 9, par voie de décret. Pour les· églises une disposition spéciale fut écrite dans la loi du 2 janvier 1907. « Les biens des Etablisse-« ments ecclésiastiques qui n'ont pas été réclamés par des « associations constituées dans l'année qui a suivi la promul-« gation de la loi du 9 décembre 1905, porte en effet, l'article 2 « de cette loi, ces biens seront attribués à titre définitif, dès « la promulgation de la présente loi, aux établissements com-« munaux d'assistance ou de bienfaisance dans les condi-« tions déterminées par l'article 9 de la loi de 1905. »

Cette disposition fut, à son tour, remplacée par l'article 1 de la loi du 13 avril 1908. A titre exceptionnel, dit, en effet, cet article, et par dérogation aux lois qui attribuent à, des éta-blissements communaux de bienfaisance ou d'assistance et à et à leur défaut, aux communes ou sections de communes, les biens des établissements ecclésiastiques qui n'ont pas été réclamés·par des associations cultuelles, « les édifices affectés « au culte lors de la promulgation de la loi du 9 décembre « bre 1905 et les meubles les garnissant deviendront la pro-« priété des communes sur le territoire desquelles ils sont « situés, s'ils n'ont été restitués ou revendiqués dans le délai « légal. »

On a fait justement observer que, en, procédant ainsi, le législateur de 1908 commettait une nouvelle spoliation. Ces églises, en effet, qu'on incorporait d'un trait de plume au domaine communal, · mais « ceux qui les avaient données « aux Fabriques, disait M. Groussau à la Chambre, ils avaient « ainsi agi parce qu'ils ne voulaient pas les remettre aux « communes »; donc nous avions le droit d'en garder la pro-priété et c'eût été le devoir strict d'un législateur soucieux de la plus élémentaire justice de nous la reconnaître. Aussi n'est-ce pas sans quelque surprise que, ces derniers jours, j'ai lu aux premières pages d'un manuel qui vient de paraître cette affirmation pour le moins équivoque que « la législation nou-« velle, dans son ensemble et dans son esprit, tel que l'a

« défini le rapporteur de la loi du 9 décembre 1905, est *une*
« *législation de liberté*. » Si l'auteur a voulu dire par là, que
nous devons nous efforcer d'en tirer tout ce qu'on n'y a pas
étouffé de vie et de liberté ; que, parce que c'est une loi d'exception, tout ce qui n'y est pas positivement défendu reste
permis ; enfin, que c'est dans un sens libéral qu'on en doit
interpréter toutes les obscurités et combler toutes les lacunes,
je le veux bien (1) ; mais y voir une œuvre de libéralisme
quand toute entière elle est faite au contraire d'hostilités et
de savantes perfidies, c'est contre quoi, en toutes occasions,
nous ne saurions trop, ni trop haut protester.

De ce qui précède, et pour revenir à mon sujet, il résulte
donc que, en l'état des lois en vigueur, à part les cathédrales
et métropoles qui appartiennent à l'Etat, et les églises qui
en petit nombre constituent et demeurent des propriétés
particulières, toutes les autres appartiennent aux communes.

J'ajoute que tandis qu'autrefois, elles faisaient partie de leur
domaine public, inaliénables et imprescriptibles comme lui ;
aujourd'hui, elles constituent, dans leur patrimoine, de simples
propriétés privées, grevées sans doute d'une charge publique,
mais étrangères à toute idée de domanialité et aux conséquences qui s'en déduisent.

Ce que je dis des églises est vrai, pour les mêmes raisons
et en vertu des mêmes textes, de leurs dépendances immobilières, telles que sacristies, jardins, salles de catéchisme ;
vrai, aussi, en principe du moins, du mobilier qui les garnit. L'article 12 de la loi de 1905 l'a dit, nous le savons
des « meubles qui existaient dans les églises restituées en exé-
« cution de la loi de Germinal, au moment de cette restitution. »
Le premier alinéa de l'article premier de la loi du 13 avril 1908
le dit à son tour des meubles garnissant celles des églises qui
appartenaient aux établissements ecclésiastiques supprimés.
Enfin, le paragraphe suivant du même article ajoute qu'il
en sera de même de ceux qui pourraient avoir été placés par

---

(1) Depuis que ces lignes ont été écrites, nous avons été heureux
d'apprendre que c'est, en effet, dans ce sens et seulement dans ce sens
que le passage doit être entendu.

les représentants de ces établissements dans les édifices cultutuels qui, en vertu de l'article 12 de la loi de 1905, se trouvaient être la propriété de l'Etat, des départements et des communes. Il n'y a en réalité d'exception que pour les objets qui ont été déposés par des particuliers, depuis que par la loi de 1907 les églises ont été mises à la disposition des fidèles, ou encore pour ceux qu'ils y avaient placés antérieurement à la loi de 1905 en s'en réservant la propriété.

Si une discussion s'élève à leur sujet, à raison de la distinction faite entre ces deux catégories — je veux dire sur le point de savoir si tels ou tels meubles doivent être considérés comme propriété communale ou propriété privée, — c'est aux inventaires, dressés en vertu de la loi de 1905, qu'il conviendra d'abord de se reporter; seuls, en effet, les objets figurant à l'inventaire pouvant être revendiqués par l'Etat, le département ou la commune, tout ce qui n'y figure pas restant de leur part en dehors de toutes prétentions possibles.

II

Ceci dit sur la propriété, j'arrive à l'usage. C'est ici qu'apparaît, dans tout son éclat, l'imprévoyance du législateur de 1905. Il n'avait pas pu entrer dans ses prévisions que, malgré leurs répugnances pour les associations cultuelles, les catholiques à la fin ne s'y résigneraient pas ; que, comme je le disais tout à l'heure, les quarante mille prêtres de France, mis par leur refus en face de l'incertitude du lendemain, peut-être de la misère, préféreraient sacrifier leur pain plutôt que l'orthodoxie de leur foi.

Et, alors, voici le régime que dans cette prévision il avait organisé. C'est l'article 13 de la loi de 1905 : « Les édifices, « servant à l'exercice public du culte, seront laissés gratuite « ment, ainsi que les objets mobiliers les garnissant à la dis « position des établissements publics du culte, puis des asso « ciations appelées à les remplacer auxquels les biens de ces « établissements auront été attribués. » Et l'article 26 du

règlement d'administration publique, en date du 16 mars 1906,
le répétait pour ceux de ces édifices qui, eux aussi, antérieu-.
rement affectés au culte, appartenaient aux établissements
ecclésiastiques supprimés. Ainsi la propriété de l'Etat, des
départements et des communes était limitée par l'affectation
obligatoire que ces édifices devraient garder. Bien que nomi-
nalement investis de la propriété, ils ne pourraient dans la
pratique en exercer qu'exceptionnellement les prérogatives.
Construites en vue d'une destination cultuelle, les églises
étaient maintenues à cette destination. Et il en devait être
ainsi tant qu'elles conserveraient leur caractère, c'est-à-dire tant
qu'elles n'auraient pas été l'objet d'une désaffetaction régulière.

Le texte primitif prévoyait que cette jouissance gratuite
ne pourrait durer que deux années, passées lesquelles on ren-
trerait dans le droit commun, les propriétaires restant libres
après ce délai, de louer pour tels usages qu'ils aviseraient.
Après discussion, on jugea cette limitation arbitraire et dangereuse, et on écrivit, le texte que nous venons de lire :
« Nous ne pouvons pas, nous ne devons pas, disait M. Ribot,
« laisser à un titre précaire et sous une menace à brève échéance
« les édifices du culte aux associations qui vont se former ».

J'ajoute que cette attribution à l'association cultuelle devait s'effectuer d'une manière en quelque sorte automatique.
Par le fait même, en effet, que l'attribution lui avait été faite
des biens de l'établissement disparu (dans l'espèce des biens
de la Fabrique), de droit la jouissance gratuite de l'église et de
son mobilier lui appartenait. Une seule formalité était imposée,
c'était la rédaction d'un procès-verbal en la forme administrative, je ne dis pas lui attribuant cette jouissance, mais
simplement constatant qu'elle avait commencé : ceci d'après
les termes très explicites et très nets du décret du 16 mars
1906 dans son article 27. L'article 13 de la loi ajoutait seulement que les Associations bénéficiaires « seraient tenues des
« réparations de toute nature, ainsi que des frais d'assurance
« et autres charges afférentes aux immeubles et aux meubles
« les garnissant ».

Au cas, où, en l'absence de toute force majeure, ajoutait
le § 2 dudit article 13, les cérémonies du culte ne seraient pas

célébrées pendant plus de six mois consécutifs dans une église ainsi attribuée à une association cultuelle, la jouissance cesserait. Au cas où, d'autre part, aucune association n'en réclamerait la jouissance dans les deux ans qui suivraient la promulgation de la loi, elle pourrait être désaffectée ; étant bien entendu qu'il ne serait procédé à aucune désaffectation que par une loi, et très exceptionnellement par un décret rendu en Conseil d'Etat.

« Rien de ce que nous avions prévu à l'occasion du culte « n'est arrivé », a dit mélancoliquement, dans une saillie restée célèbre, M. Clémenceau : « c'est ce que nous n'avions « pas prévu qui a été la réalité » et nous a plongés en pleine incohérence. C'est vrai. L'association cultuelle était le pivot de toute l'organisation nouvelle, pour laquelle on avait dépensé d'ailleurs une remarquable sagacité ; sans elle tout était à refaire. Or, quand avec le soir du 9 décembre 1906 sonna la dernière minute du délai dans lequel ces associations devaient être formées, c'est à peine si on en comptait dix.

Qu'allait-il advenir ?

Logiquement, pour les églises dont l'Etat, les départements et les communes étaient restés ou devenus propriétaires, ils en recouvraient la libre disposition. Pour celles qui, avec les autres biens des Fabriques, allaient passer sous l'administration du séquestre, elles devraient être fermées, personne n'ayant qualité pour en réclamer l'usage.

Tout un parti bruyant au Parlement se prononçait pour cette solution ; outre que la logique, comme je viens de le dire, semblait y trouver son compte, cela apprendrait aux catholiques, disait-on, à s'obstiner dans leur fidélité. Et déjà, à la grande joie des uns, au scandale des autres, on entrevoyait l'heure prochaine, où, comme il y a cent ans, nos églises à nouveau violées redeviendraient le théâtre des pires profanations.

Il y eut quelques semaines d'incertitude et de flottement. Une première circulaire de M. Briand aux préfets, en date du 2 décembre 1906, développa longuement les conditions dans lesquelles il pourrait être à l'avenir pourvu à l'exercice public du culte en dehors d'une association cultuelle.

« Indépendamment, disait le ministre, de la faculté qui ap-
« partient (aux catholiques) de recourir au *culte privé*, ils peu-
« vent, sans s'unir par les liens d'un contrat d'association, sub-
« venir à l'exercice public du culte par des réunions tenues sur
« initiatives individuelles et bénéficier ainsi, à défaut de la
« liberté d'association dont ils ne veulent pas user dans les con-
« ditions où elle leur est offerte par la loi, de la liberté de réu-
« nion. Nous avons entendu laisser les individus libres de
« se prévaloir, en dehors de toute espèce d'association, du
« droit commun pour organiser des réunions destinées à
« l'exercice public du culte.

« Ce n'est pas à dire, au surplus, que les réunions cultuelles
« soient transformées en réunions publiques ordinaires. Elles
« répugnent, par leur nature même à une identification abso-
« lue ; elles ne rentrent exactement, en effet, dans aucune des
« catégories de réunions énoncées par l'article 4 de la loi du
« 30 juin 1881 ; c'est ainsi, notamment, qu'en aucun cas elles
« ne comportent une discussion publique. Cette remarque
« a trait spécialement à l'obligation imposée par l'article 8
« de cette loi aux réunions publiques, d'avoir un bureau
« chargé de maintenir l'ordre, d'empêcher toute infraction
« aux lois, de conserver à la réunion le caractère qui lui a été
« donné par la déclaration, d'interdire tout discours contraire
« à l'ordre public et aux bonnes mœurs, ou contenant pro-
« vocation à un acte qualifié crime ou délit. L'article 8 pré-
« voit que les membres du bureau seront ou désignés par les
« signataires de la déclaration ou élus par l'assemblée ; il est
« évident que le premier mode de nomination se concilie seul
« avec le caractère des réunions cultuelles. Il y a même lieu
« d'admettre que la nécessité d'un bureau ne s'impose pas
« d'une façon absolue ; car l'ordre est garanti dans les réu-
« nions cultuelles par les dispositions spéciales inscrites dans
« l'article 32 de la loi du 9 décembre 1905, aux termes duquel
« seront punis de peines édictées par l'article 31 (amende de
« 16 à 200 francs et emprisonnement de 6 jours à deux mois ou
« une de ces deux peines seulement), ceux qui auront « empêché,
« retardé ou interrompu les exercices d'un culte par des trou-
« bles ou désordres causés dans le local servant à ces exercices.

« L'article 6 dispose que les réunions publiques ne peuvent
« se prolonger au delà de onze heures du soir, sauf dans les loca-
« lités où la fermeture des établissements publics a lieu plus
« tard ; cette prohibition ne sera évidemment pas opposable
« aux cérémonies religieuses qui, d'après les usages se célè-
« brent à une heure plus avancée de la nuit.

« Quant à la déclaration préalable, à laquelle l'article 2
« subordonne l'exercice du droit de réunion, elle devra s'effec-
« tuer dans les termes mêmes où elle est prévue par cet article.

« Mais il ne faut pas exagérer les exigences de cet article,
« et ce serait une erreur de croire que chaque réunion doit
« être précédée d'une déclaration spéciale, ou, en d'autres
« termes, qu'il faut autant de déclarations que de réunions.
« La loi de 1881 entend simplement qu'une déclaration ne
« reçoive effet qu'après un délai minimum de vingt-quatre
« heures ; elle ne s'oppose ni à ce que les réunions publiques
« soient déclarées plus longtemps à l'avance, ni à ce que la
« même déclaration serve à annoncer plusieurs réunions à
« tenir dans la même commune. La déclaration pourra être
« faite pour une période plus ou moins longue et restera va-
« lable tant que les conditions exigées des déclarants par l'ar-
« ticle 2 continueront à être remplies. »

Puis, dans une seconde partie, le même M. Briand s'expli-
quait sur les lieux dans lesquels ces réunions pourraient être
tenues, je veux dire sur l'accommodation des édifices cultuels
à l'état de choses nouveau.

« Après avoir précisé comment, en vertu des dispositions
« combinées des lois des 30 juin 1881 et 9 décembre 1905, il
« sera loisible à des individus non associés d'organiser des
« réunions pour la pratique publique de leur culte, il reste à
« déterminer dans quelles conditions des réunions cultuelles
« ainsi tenues sur initiatives individuelles pourront avoir lieu
« dans les édifices antérieurement affectés à l'exercice du
« culte, si, lors de l'expiration du délai d'un an prévu par l'ar-
« ticle 4 de la loi de séparation, il ne s'est pas constitué d'as-
« sociations cultuelles pour recevoir au lieu et place des éta-
« blissements ecclésiastiques supprimés, la jouissance ou la
« propriété de ces édifices.

« A cet effet, il convient de déterminer quel sera le régime
« des dits immeubles à cette échéance. Les édifices actuelle-
« ment affectés à l'exercice public du culte (cathédrales, égli-
« ses et chapelles) se divisent en deux catégories.

« Les unes visés par l'article 12 de la loi du 9 décembre 1905,
« sont la propriété de l'Etat ou des communes ; les autres
« appartiennent à des établissements ecclésiastiques (Fabri-
« ques, Menses et Séminaires).

« A l'expiration du délai fixé par l'article 4, les premiers, si
« la jouissance n'en a pas été transférée, avec les biens des
« établissements ecclésiastiques, à des associations cultuelles,
« rentreront en la possession légale de l'Etat et des communes;
« les seconds, au cas où la propriété n'en aura pas été trans-
« mise à des associations de cette nature, seront placés, con-
« formément à l'article 8, § 2, sous séquestre, jusqu'à leur
« attribution par décret en vertu dudit article ou de l'arti-
« cle 9.

« Mais les uns et les autres se trouveront dans une condi-
« tion identique, en ce sens que, jusqu'à décision contraire,
« ils conservent avec les objets mobiliers les garnissant, leur
« affectation antérieure.

« Il n'appatiendra pas à l'Etat et aux communes, sous pré-
« texte qu'ils auront recouvré la possession des cathédrales,
« églises et chapelles, de disposer de ces édifices comme ils
« l'entendront et de les fermer à leur gré ; les chapelles, égli-
« ses et cathédrales, à raison du maintien de leur destination
« antérieure, qui s'imposera à l'Etat et aux communes comme
« une charge de la possession, devront rester ouvertes, et
« l'accès continuera nécessairement à en être permis, dans les
« conditions actuelles, tant aux fidèles qu'aux membres du
« clergé, pour y exercer le culte en se conformant, à défaut
« d'associations cultuelles, aux prescriptions de la loi du
« 30 juin 1881, telles qu'elles ont été commentées plus haut.

« Mais il ne faudrait pas croire que, parce que, moyennant
« une déclaration faite en vertu de la loi de 1881, un ministre
« du culte (curé ou desservant) pourra continuer à rem-
« plir son ministère dans l'église où il l'exerçait sous l'em-
« pire de la législation concordataire, celle-ci subsistera à

« son profit et qu'il jouira sur l'édifice de droits semblables
« à ceux qui appartenaient à la Fabrique supprimée. Cet éta-
« blissement était investi de la possession légale de l'église ;
« *le curé ou desservant ne sera plus qu'un occupant sans titre*
« *juridique.* Il sera sans droit pour faire aucun acte d'admi-
« nistration ; encore moins sera-t-il capable d'accomplir au-
« cun acte de disposition.

    « Si le curé ou desservant ne succède pas aux droits de
« la Fabrique, il n'héritera pas non plus des obligations de
« cet établissement. Il sera seulement tenu, comme occu-
« pant, de ne pas préjudicier et de ne pas laisser les tiers pré-
« judicier à l'église et aux objets la garnissant. »

    Ainsi les édifices, antérieurement affectés à l'exercice du culte,
garderont leur destination ; les communes n'en reprendront
pas la libre disposition ; les fidèles et les ministres du culte
pourront, comme par le passé, y accomplir les rites de leur
religion ; mais, d'une part, occupants sans titre juridique ils
seront sans droit pour y faire aucun acte d'administration,
à plus forte raison de disposition. Seulement, s'agissant de
réunions d'un caractère nécessairement public, leurs organisateurs devront se conformer aux prescriptions de la loi
du 30 juin 1881, atténuées comme il vient d'être dit par les
instructions ministérielles ; spécialement ils devront faire au
moins une déclaration préalable au commencement de chaque
année.

    L'appel du ministre des cultes resta sans écho. Les églises
continuèrent à demeurer ouvertes, les fidèles à venir y prier,
les prêtres à monter à l'autel ; mais il en fut des déclarations
comme des associations cultuelles : on n'en fit pas.

    Le 10 décembre le ministre adresse une nouvelle circulaire.

    « Par cela même que le gouvernement apporte dans l'ap-
« plication des lois de 1881 et de 1905 l'esprit le plus libéral,
« il entend que ces lois, ainsi interprétées largement, soient
« obéies dans leurs dispositions présentant un caractère im-
« pératif. Il n'y a pas de citoyens français qui, sous quelque
« prétexte que ce soit, aient le droit de se placer au-dessus
« des lois françaises et de se rebeller contre elles. Il importe
« donc que si, à l'expiration du délai sus rappelé, le culte est

« publiquement exercé sans déclaration, ne satisfaisant pas
« aux conditions spécifiées dans ma circulaire du premier
« du courant, les contraventions ainsi commises par les cu-
« rés et desservants et par tous autres organisateurs (es réu-
« nions cultuelles soient relevées.

« Je vous invite donc à donner immédiatement les instruc-
« tions indispensables pour que toutes contraventions soient
« constatées par des procès-verbaux que vous déférerez aux
« Parquets. M. le Garde des sceaux donne, de son côté, des
« ordres aux procureurs généraux pour que, au vu de ces pro-
« cès-verbaux, les poursuites nécessaires soient exercées. Le
« gouvernement compte sur votre fermeté et votre vigilance
« pour concourir avec lui à assurer le respect de la légalité. »

En effet, le même jour, le Garde des sceaux adressait des
instructions aux Parquets ; et alors, d'un bout de la France
à l'autre commença cette campagne grotesque dans laquelle
on vit pendant des semaines des légions de policiers grossir
l'assistance accoutumée de nos églises et procéder, non sans
quelque embarras et quelque gêne, à la constatation de ce
délit nouveau que par abréviation on appela le « *délit de messe* ».

Les procès-verbaux n'eurent pas plus d'effet que n'en avaient
eu les menaces. On ne fit pas de déclaration et on continua à
user des églises.

Cela ne pouvait durer : il fallait, pour assurer le respect de
la loi, ou poursuivre tous les prêtres de France, leurs évêques
à leur tête ; ou changer cette loi.

On jugea ce dernier procédé plus pratique. C'est pourquoi,
en même temps qu'on annonçait le dépôt prochain d'un projet supprimant en matière de réunion publique la nécessité
d'une déclaration préalable, d'urgence, avant la séparation
des chambres, on faisait voter la loi qui est devenue celle du
2 janvier 1907.

Vous en connaissez l'article 5. On revenait, par un dernier
effort à l'idée d'associations cultuelles, ou tout au moins d'associations de droit commun, constituées soit sur les bases de
la loi de 1905 soit sur celles de la loi de 1906 pour assurer la
continuation de l'exercice public du culte, et on indiquait
en fin d'article comment et sous quelle forme, en suite

de contrats passés avec l'Etat, le département ou la commune, c'est-à-dire avec les propriétaires des églises, la jouissance publique pourrait en être accordée. On ajoutait qu'à défaut d'association cette jouissance pouvait être réclamée par les ministres du culte qui auraient fait, ou pour qui l'on aurait fait la déclaration prévue par l'article 25 de la loi de 1905.

Enfin, et dans ce qui est devenu le premier paragraphe de ce même article, on écrivait ce qui allait devenir notre charte, savoir que : « à défaut d'associations cultuelles, les édifices « affectés à l'exercice du culte, ainsi que les meubles les gar- « nissant, continueraient, sauf désaffectations, à être laissés « à la disposition des fidèles et des ministres du culte pour la « pratique de leur religion. »

De ce côté encore, les espérances officielles devaient être déçues ; non que les catholiques, comme on l'a dit, aient cru devoir se retrancher dans une attitude calculée d'intransigeance systématique et d'opposition irréductible ; mais (ce qui était, comme l'a justement et expressément reconnu M. Briand, leur droit incontestable), par l'unique souci de rester fidèles aux instructions pontificales et de ne rien compromettre du principe de la hiérarchie nécessaire. La meilleure preuve en est dans les longs pourparlers au cours desquels furent étudiés, entre les délégués de l'épiscopat et les représentants du pouvoir, ces projets de contrats de jouissance (je les ai là sous les yeux) qui ont, en leur temps, si vivement occupé l'opinion et auxquels finalement les exigences officielles ont apporté d'insurmontables obstacles.

Ces tentatives ayant échoué ; pratiquement il n'est plus resté de cet article de la loi nouvelle que le premier paragraphe, celui que je plaçais tout à l'heure sous vos yeux. C'est, encore une fois, à savoir que, en dehors de toute association cultuelle ou non, comme en dehors de toute déclaration, nos églises restent à notre disposition et que nous avons le droit d'y continuer la pratique de notre religion.

On a dit que, en nous l'accordant, le législateur avait voulu donner, en dépit de toutes les rébellions auxquelles il s'était

heurté, une nouvelle preuve de son libéralisme et de sa sincérité. Il serait plus exact d'avouer qu'il a, en le faisant, obéi aux
conseils, sages d'ailleurs, d'une élémentarie prudence. Fermer les églises, multiplier les poursuites et les condamnations
ce pouvait être logique, légal même (de cette légalité qu'au-
torise la brutalité des textes). Mais on était au lendemain des inventaires : on se rappelait, non sans de rétros-
pectives inquiétudes, que, au seuil de plusieurs églises le
sang avait coulé et que plus d'une épée s'était brisée ; on se
rendait compte qu'une émotion profonde remuait l'âme fran-
çaise ; et l'on pensa qu'il ne serait pas opportun d'en provo-
quer la nouvelle explosion « *ne tumultus fieret inter Judæos* »
comme il est écrit au récit de la Passion ; c'est pourquoi ne
pouvant sans danger fermer les églises, on se donna le mérite
forcé de les laisser ouvertes.

Ce qui prouve, soit dit en passant, qu'à résister, quand la
résistance est juste, on délivre sa conscience ; que souvent
aussi on prépare un succès.

Nos églises et le mobilier qui les garnit demeurent donc à
notre disposition. Voilà le statut nouveau.

Un projet, déposé par M. Guieyesse à la Chambre, le 22 oc-
tobre 1907, a bien proposé de revenir sur cette disposition
et de décider que, à défaut d'association, les communes et
l'Etat reprendraient la disposition de leurs églises. Mais la
proposition s'est rapidement endormie dans les cartons et
il ne paraît pas que son sommeil soit prêt de se rompre

III

Nos églises, ai-je dit, restent à notre disposition. Mais à
quel titre ? Y avons-nous un droit ? Et si oui, quelle est la nature
et l'étendue de ce droit ?

Ici, Messieurs, nous avons le spectacle rare d'une jurisprudence qui, au lendemain même de la loi, s'est créée exactement au rebours des déclarations faites par ses auteurs et ses
protagonistes ; tant il est vrai qu'à certaines heures la logique
l'emporte irrésistiblement sur la légalité.

M. Briand, dans sa circulaire du 1er décembre 1906, avait
dit expréssément que si, à défaut d'association cultuelle, le
prêtre pouvait encore officier dans son église, il n'y était
plus « *qu'un occupant sans titre juridique* ». Il l'avait répété
en termes non moins précis, dans sa circulaire du 3 février
1907, destinée à assurer l'application de la loi de janvier précédent, et en particulier de l'article 5 de cette loi : « Les
« ministres du culte comme les fidèles seront de simples
« occupants sans titre juridique et ils n'auront qu'une pos-
« session de fait tant qu'il n'aura pas été procédé à une attri-
« bution de la jouissance des édifices cultuels dans les condi-
« tions et suivants les formes déterminées par les §§ 2 et 3 du
« même article. »

C'est la même doctrine que nous retrouvons deux ans plus
tard, dans une lettre adressée, le 5 juin 1909, par M. le Garde
des sceaux au procureur général près la Cour de cassation
pour lui demander de déférer à cette haute juridiction dans
l'intérêt de la loi un arrêt de la Cour de Pau du 6 mars 1909.

Or, à part quelques rares décisions judiciaires restées d'ailleurs isolées (tel par exemple, un arrêt d'Agen), et dans
lesquelles se retrouve, comme stéréotypée la formule minis-
térielle, on peut affirmer que cette formule est depuis
longtemps et unanimement abandonnée, et que c'est aujourd'hui un principe au contraire admis par la doctrine
et par la jurisprudence entières que les ministres du culte
et les fidèles, loin de jouir d'une simple tolérance et de ne
pouvoir invoquer à l'appui de cette tolérance aucun titre
juridique, ont, au sens rigoureux du mot, un droit et
un droit fondé sur le meilleur des titres, puisque ce titre
c'est la loi elle-même.

Comment en eût-il été autrement ? Il a été répété à satiété
au cours de la discussion à laquelle a donné lieu l'élaboration
de la loi de 1907 par le rapporteur, par le ministre, par les
présidents des commissions, à la Chambre et au Sénat, que
la destination des églises était immuable, que les communes
pas plus que l'Etat n'y pourraient rien changer ; M. Briand
lui-même pour mieux accentuer sa pensée s'est servi de cette
significative expression : qu'elles devaient être considéiées

comme grevées, au sens sens juridique du mot « d'une véritable servitude d'affectation cultuelle. » Le 28 décembre 1906, il ajoutait que cette servitude subsisterait indéfiniment sur ces édifices. Et, quand le droit des propriétaires rencontre dans cette affectation un tel obstacle, à cette servitude, dont est chargé l'immeuble ne correspondrait pas un droit en la personne de ceux au profit de qui elle a été établie? C'était inadmissible. C'est ce qu'ont répété de nombreuses décisions de tribunaux et de cours ; en particulier un arrêt de Bourges du 28 juin 1909. Et voici ce que, au bas de cet arrêt, je lis sous la signature autorisée de M. Tissier, professeur à la Faculté de droit de Paris : « La situation légale « est très ferme, a dit judicieusement cet arrêt, très solide- « ment assise et nullement précaire. La loi a voulu donner « aux catholiques, en dehors de toute association, de tout con- « trat, un droit d'usage ; la jouissance de l'église accordée aux « prêtres et aux fidèles n'est donc pas un simple fait, elle est « l'exercice d'un droit, d'une faculté reconnue par la loi. » On ne pouvait dire mieux ni plus exactement.

M. Bureau se demandant, à cette occasion, comment s'est opérée cette évolution ; comment, ainsi que je l'ai dit, il s'est si brusquement et si profondément accompli une scission entre la pensée des initiateurs de la loi et l'application qui en a été faite, en donne cette explication : « Il est advenu, « dit-il, que tous les textes énonciatifs des charges impo- « sées aux propriétaires des édifices cultuels se sont trans- « formés automatiquement en textes créateurs de droits « au profit des ministres du culte et des fidèles. »

C'est une raison ; on en pourrait ajouter d'autres ; à quoi bon? La conclusion est certaine.

Je n'ajoute qu'un mot : C'est qu'au lendemain de la loi de 1907, tant nous sommes habitués à la défaite, nous avons, nous-mêmes, un instant semblé douter de notre droit. Nombreux, en effet, parmi nous, étaient alors ceux que dominait la thèse de l'occupation précaire sans titre juridique. Ce ne sera pas un des moindres services qu'aura rendus à la défense de nos Eglises notre collègue, M. Ravier du Magny, d'avoir, l'un des premiers, le premier peut-être, dans un savant article signalé vers quelle dangereuse erreur nous nous laissions ainsi inconsciemment glisser et d'avoir par là contribué au retour sauveur que je viens de rappeler.

IV

Où le problème devient plus délicat, et où le jurisconsulte éprouve un réel embarras, c'est lorsque, après avoir constaté l'existence du droit incontestablement créé par la loi de 1907 au profit des ministres du culte et des fidèles, il veut en définir, avec quelque exactitude, la nature juridique.

Les églises sont à leur disposition ; ils en ont la jouissance ; c'est bien. Mais qu'est-ce que cette disposition, quel est le caractère de cette jouissance ?

Les législateurs de 1907 étaient manifestement agités de trop de préoccupations diverses, et leur hâte était trop grande d'en finir pour qu'ils aient entrevu et à plus forte raison résolu le problème.

La solution, du reste, il faut en convenir, n'était pas facile. S'il est aisé, en effet, de dire ce que ce droit n'est pas ; il est, au contraire infiniment malaisé de définir ce qu'il est. Ainsi, il n'est certainement pas, bien que le langage usuel semble y incliner, *un droit de jouissance*, j'entends au sens légal du mot, je veux dire un droit d'usufruit. Il y en a bien des raisons ; qu'il me suffise de dire que ce droit est rigoureusement personnel et résiste à toute idée de transmission à d'autres que ceux au profit de qui le texte l'a créé ; que, d'autre part, il ne comporte de la part du bénéficiaire aucune obligation, si ce n'est celle de ne causer par sa jouissance aucun dommage aux choses dont la disposition lui est laissée ; l'article 5, au surplus en fournit lui-même une preuve décisive, un pareil droit ne pourrait naître, dit-il, que d'un contrat tel que le prévoit le second alinéa de son texte, que je résumais tout à l'heure.

Quelques décisions judiciaires ont parlé *d'usage ;* c'est même le terme dont se sert M. Tissier dans la savante dissertation dont je viens de parler. On le peut en effet soutenir. Cependant, cette qualification est repoussée par de nombreuses décisions judiciaires, et avec elles par tous ceux qui, en majorité, se refusent à reconnaître au droit qui nous occupe le caractère d'un droit réel.

Pas davantage, on ne saurait assimiler l'occupant à un *locataire* dont les droits supposent un contrat qui en est l'origine et en détermine l'étendue (1).

Cette occupation, c'est une *possession légale*, a dit le tribunal de Guingamp, dans un jugement qui porte la date du 28 juillet 1910; car elle emporte pour le possesseur l'obligation de veiller à ce qu'il ne soit préjudicié ni à l'immeuble, ni aux objets qui le garnissent. A en croire la Cour d'Agen, au contraire, ce ne serait qu'une *possession de fait*, une simple occupation absolument précaire.

Faudrait-il du moins y voir, pour reprendre les expressions que je rappelais tout à l'heure, une *servitude*, c'est-à-dire une charge imposée aux biens qui en sont l'objet? Au premier abord, on pourrait être tenté de le croire. Un examen un peu approfondi, cependant, ne semble pas permettre qu'on s'y arrête. Premièrement, en effet, une servitude suppose, par définition même, une charge créée dans l'intérêt d'un héritage. Notre droit moderne (l'usufruit et l'usage exceptés), ne reconnaît plus de servitudes personnelles. Or tel est bien le caractère de la charge qui nous occupe. Ce n'est pas, en effet, un immeuble qui est appelé à en bénéficier : c'est au profit d'une catégorie de personnes qu'elle a été instituée. D'autre part, on ne peut concevoir une servitude que sur un immeuble ; or la charge qui nous occupe frappe non seulement l'édifice affecté au culte, mais, au même titre, les meubles qui le garnissent.

Je crois donc qu'il faut renoncer à lui trouver une qualification légale ; je veux dire une de celles du moins qui correspondrait à la classification actuelle des droits, telle que le Code civil l'a organisée.

---

(1) Curel. *Les communes et la loi de la séparation*, p. 154. Il s'ensuit que le ministre du culte ne pouvant être assimilé à un locataire ne peut se voir opposer, en cas d'incendie, la présomption de faute de l'art. 1734. C. C.

On a dit que c'était un droit *sui generis*. Quelque imprécise que paraisse être cette qualification, je crois, pour ma part, que c'est celle qui répond le mieux à la réalité des choses : « *sui generis* », en effet, comme la situation à laquelle elle répond ; comme l'était déjà sous la législation concordataire le droit des Fabriques sur les églises ; celui des curés sur les presbytères ; conséquence d'une sorte de domanialité privée, si je peux ainsi parler, créée en vue d'une collectivité d'intérêts qui, n'ayant plus le caractère d'un service public n'en garde pas moins celui d'une utilité générale, au profit de laquelle une véritable affectation a été instituée par le législateur.

Peut-être, par un lointain souvenir de l'article 1121 pourrait-on rattacher ce droit à l'idée d'une stipulation faite d'office par le législateur de 1907 au profit des personnes qu'il désigne.

A un autre point de vue, et quelque solution qu'on adopte, faut-il voir dans ce droit un droit réel incorporé à la chose et s'absorbant en elle? J'inclinerais volontiers à le croire. En même temps, en effet, qu'ils ont le droit d'en exiger le respect des propriétaires de l'édifice qui en est grevé, ceux auxquels il profite peuvent s'en prévaloir à l'égard de tous ; il s'oppose de la part de quiconque à toute entreprise qui pourrait en diminuer le profit : il est vraiment attaché à la chose, il est en elle, il la suit ; il n'en peut être détaché ; on ne peut pas plus en évincer, par une aliénation que par une prescription ; c'est ainsi vraiment, me semble-t-il, le *jus in re* qui confère à un droit le caractère de la réalité.

V

Aussi bien est-ce là plutôt, et je dirai exclusivement, une question d'école.

Si on n'est pas d'accord, en effet, sur la qualification du droit, on peut dire, au contraire, et c'est là ce qui importe, qu'il n'y a plus, en fait, de divergences sérieuses sur ses conquences et sur son étendue.

Le temps me manque pour développer ces conséquences avec les détails qu'elles comportent ; je les grouperai dans un court résumé, comme dans une sorte de synopsie, laissant à mes collègues, notamment à M. Rivet dans sa leçon de demain, le soin d'y insister comme il convient.

Ainsi, et d'abord, il n'est pas douteux que ce droit ne soit assorti d'une action en justice, et que pour en assurer le respect, lorsque sous une forme quelconque il est mis en péril, ses bénéficiaires ne puissent s'adresser aux tribunaux. Ce ne serait pas un droit s'il pouvait être impunément méconnu. Les décisions sur ce point abondent, il serait superflu d'y insister.

Je tiens toutefois à ajouter quelques observations. Ainsi :

1° Cette action, les ministres du culte et les fidèles peuvent l'exercer à l'encontre de quiconque trouble leur droit, ministres du culte, maires, simples particuliers ; même contre ceux, ministre du culte ou association, qui, pourvus d'un contrat de jouissance, prétendraient se soustraire aux règles d'organisation générale du culte auquel l'édifice était antérieurement consacré.

2° Il n'est pas douteux que lorsque l'article 5 déclare que ces édifices seront laissés à la disposition des prêtres et des fidèles, il entend que ce sera pour qu'ils y continuent le culte même auquel ces édifices étaient destinés, et qui y était antérieurement pratiqué ; ce culte et non pas un autre. C'est, au surplus, ce qu'a formellement proclamé M. Briand dans sa circulaire déjà citée du 3 février 1907, interprétative de la loi de janvier précédent.

3° Par application des règles qui précèdent il faut dire, encore, comme l'a jugé récemment la Chambre criminelle, que, dans l'église dont il a la disposition, le ministre du culte a « tous les droits nécessaires pour assurer le libre « exercice du culte » puisque c'est précisément pour garantir cet exercice que l'article est écrit. C'est là, ajoute l'arrêt, « une conséquence naturelle des dispositions de la loi ». Je ne saurais trop recommander à cette occasion le remarquable rapport dont ledit arrêt est précédé et dans lequel son auteur, M. le conseiller Mercier expose, avec une recommandable exactitude, les règles que nous venons de résumer.

Un autre caractère du droit qui nous occupe, c'est qu'il est *exclusif* de tout droit concurrent. Je veux dire qu'aucun autre, en dehors des ministres du culte et des fidèles, ne saurait y prétendre, et cela dans quelque mesure que ce soit. Quelques décisions l'ont contesté, notamment un arrêt de Poitiers ; la solution contraire est, on peut le dire, à cette heure universellement acceptée. Ainsi, ce n'est pas seulement pendant les cérémonies que l'église doit être réservée à leur accomplissement ; elle garde, en tous temps son affectation ; et parce qu'elle est destinée à la célébration d'un culte déterminé, seuls les ministres de cette religion régulièrement investis de leurs fonctions, peuvent y accomplir les actes de leur ministère. Toute parodie de ce culte, on l'a jugé maintes fois, doit en être sévèrement proscrite, comme toute immixtion qui lui serait étargère doit en être écartée.

Exclusif, ce droit est *perpétuel ;* il ne disparaît qu'avec la ruine de l'édifice ou sa désaffectation.

Il est *collectif ;* si, en effet, il est vrai qu'il n'appartienne qu'aux personnes visées dans le texte, il est vrai aussi que ces personnes peuvent en user simultanément et concurremment entre elles.

VI

. J'aurais, pour me conformer aux indications du programme, à m'expliquer sur trois questions encore ; il me faudrait préciser, en effet :

A qui exactement appartient le droit de se prévaloir de l'article 5 et de l'affectation qu'il consacre ;

Sur quoi porte cette affectation ;

Quelles sont, en cas de conflit, les juridictions compétentes pour les trancher.

Les limites que le temps nécessairement impose à nos leçons ne me permet, évidemment, pas de le dire avec détails. Je me borne à quelques indications rapides, qui seront cependant suffisantes, je l'espère, pour donner de cette partie du sujet une notion générale, sans doute, mais cependant complète.

Et, d'abord, un mot des personnes auxquelles la loi profite et qui sont par conséquent fondées à s'en prévaloir.

Ce sont, dit l'article 5, les ministres du culte, et les fidèles. J'ajoute que c'est chaque groupe, distinctement, indépendamment l'un de l'autre. Je veux dire que ministres du culte et fidèles ont, les uns et les autres, pris dans leur collectivité un droit propre, personnel ; qu'ils le peuvent sans doute exercer simultanément, mais qu'ils le peuvent aussi distinctement les uns des autres. Ainsi, les fidèles d'une paroisse peuvent, comme il est arrivé souvent, se joindre à leur curé pour obtenir que l'église soit affectée à la pratique de leur culte et conclure avec lui en ce sens à la barre du tribunal. Ils peuvent, s'ils le préfèrent, agir isolément. La jurisprudence est faite sur ce point.

Cependant, si ces droits sont distincts, il existe entre eux une certaine subordination. Je veux dire que, sous prétexte qu'ils sont fondés à invoquer personnellement l'article 5, les fidèles ne pourraient pas s'attribuer le droit de régler seuls, et contrairement au ministre de leur culte, ce qui a trait à ce culte et à son exercice : comme serait l'ordre des cérémonies, la police intérieure de l'église, la récitation des prières ou l'administration des sacrements. Dans l'église, en effet, mise par la loi de 1907 à leur disposition, le culte, nous l'avons dit, doit continuer à s'exercer, la religion à se pratiquer comme ils l'étaient autrefois « conformément aux règles de son organisation générale », conformément dès lors aux règles de hiérarchie qui en sont le fondement et l'essence.

Et maintenant que faut-il entendre par ministres du culte et par fidèles?

Les ministres du culte, dit un arrêt de Riom, ce sont « ceux « qui reconnaissent la hiérarchie catholique et font partie « intégrante de cette hiérarchie ». Ainsi, il ne suffit pas que le prêtre se réclame de son caractère et justifie de sa qualité sacerdotale quand il veut exercer dans une paroisse les droits de l'article 5. Il doit de plus justifier qu'il a bien été préposé, et régulièrement, à son administration ; qu'en d'autres termes, il est en communion avec son évêque et par lui avec le Pape. C'est encore un point sur lequel, à cette heure, toutes controverses ont cessé et l'arrêt que je citais tout à l'heure ajoute : « Il n'appartient pas « (à l'autorité judiciaire) de rechercher si les dispositions « prises par le chef hiérarchique sont conformes aux règles « canoniques et de les apprécier ». C'est également la doctrine nettement professée par la Cour de Pau, dans un arrêt du 15 mars 1911 (1). Le prêtre est-il régulièrement investi de sa fonction, tient-il ses pouvoirs de son évêque ; l'église lui est ouverte. Est-il en révolte contre ses supérieurs hiérarchiques ; après les lui avoir avoir donnés, ses supérieurs, lui ont-ils retiré ses pouvoirs, il n'est qu'un intrus sans droit et sans qualité. Et ainsi, la hiérarchie, qu'on s'était flatté d'ébranler par la loi de 1905, tire de celle de 1907 et de son application, la plus éclatante des consécrations. Ainsi pareillement l'autorité des évêques et du Pape reçoit à tous les degrés de l'échelle judiciaire, une reconnaissance que ne connut jamais la période concordataire. A la vérité, et par une puérilité sans portée, comme elle est d'ailleurs sans inconvénient appréciable, les ministres du culte n'auront pas officiellement le titre de « curés » et de « desservants ». Ils n'en auront plus le titre, mais ils en garderont les droits, c'est, en réalité, ce qui importe.

Et les fidèles, que faut-il entendre par là ? Il n'existe pas, évidemment, en ce qui les concerne, de *criterium* comme pour les ministres du culte. Il y a bien le baptême ; mais hélas ! il en est tant, parmi ceux qui l'ont reçu, qui en ont oubié les promesses. Aussi, avait dit le Tribunal d'Agen, « Il ne peut suffire à tout « habitant de la commune ou de la paroisse de s'attribuer la « qualité de fidèle pour qu'elle lui soit reconnue par le juge. Il « est, en effet, certain que tous les habitants de la paroisse « ne sont pas des fidèles, acceptant tous les dogmes de la re-

---

(1) Depuis le jour où cette conférence a été prononcée, ces deux arrêts ont été expressément confirmés par la Cour de Cassation qui, sur les conclusions conformes de M. le Procureur général, a rejeté les pourvois dont ils avaient été l'objet et consacré d'une façon qu'on peut tenir pour définitive la doctrine qui y était à juste titre exposée.

« ligion catholique apostolique et romaine, pratiquant son
« culte, se soumettant sans discussion à l'autorité du Pape ;
« ce n'est qu'à des indications données par la loi civile elle-
« même que le juge pourrait se référer pour reconnaître aux
« plaideurs la qualité de fidèles ».

Avec ce système, il deviendrait impossible, puisque nulle
part le législateur civil n'a donné des fidèles une définition, de reconnaître ce caractère à ceux qui, en dehors des
ministres du culte, se prévaudraient devant lui des dispositions de l'article 5. C'était inadmissible. Aussi la Cour d'Agen
a-t-elle réformé cette décision et jugé que c'était là essentiel-
lement une question de fait pour laquelle le juge a un pouvoir souverain. Les tribunaux ont donc, en droit du moins,
qualité et compétence pour statuer sur ce point.

Quant aux choses que grève l'affectation, l'article 5 est
très net. Ce sont d'abord *les édifices* qui se trouvaient, lors de la
promulgation de la loi, affectés à l'exercice du culte. Je dis les
édifices ; il semble dès lors qu'on n'y puisse comprendre les
terrains qui, par une disposition antérieure auraient été, par
l'effet d'une donation ou d'un testament, affectés à la construction d'une église, mais sur lesquels aucune construction
n'était édifiée en 1907.

. Par contre, rentrent sous la dénomination de la loi, bien
que l'article ne s'en soit pas spécialement expliqué, *les
dépendances immobilières* de ces édifices, sacristies, salles
de catéchismes, etc. Un jugement récent du Tribunal de
Lyon l'a décidé récemment à l'occasion du jardin qui touche
l'église d'Ainay, par ce motif éminemment juridique, que
ce jardin à raison de sa situation et de sa liaison étroite
avec l'église devait être considéré comme une de ses dépendances.

Une question s'est élevée, c'est celle de savoir si, au cas
d'incendie de l'église ou de ses accessoires, le droit des ministres du culte et des fidèles se trouve reporté sur l'indemnité
due par la Compagnie qui les assurait. Un jugement du Tribunal de Vendôme, du 16 mars 1910, a très nettement écarté
cette idée de substitution. Si la solution contraire peut être
soutenue, il faut convenir qu'elle rencontre dans le texte même

de la loi de 1907 un sérieux et peut-être invincible obstacle.

J'ajoute enfin que lorsque l'article 5 porte que c'est seulement à défaut d'association cultuelle que les ministres du culte et les fidèles pourront se prévaloir de ses dispositions, il suppose, bien entendu, une association régulièrement constituée en conformité des articles 18 et suivants de la loi du 9 décembre 1905.

Quant aux questions de compétence, elles demanderaient toute une étude. Peut-être dans une des leçons ultérieures s'en pourra-t-on expliquer. Je me borne à indiquer en passant que, pour toutes les questions que peut faire naître l'application de l'article 5 de la loi de 1907, l'autorité judiciaire est seule et incontestablement compétente ; que c'est aussi à elle, et exclusivement, qu'il appartient de connaître de la validité des associations cultuelles, comme de la régularité du titre dont se prévaut le ministre du culte, lorsque ce titre est contesté.

J'ajoute que, en cas d'urgence, dans la plupart des cas au moins, le juge des référés peut être compétemment saisi ; le champ de la compétence du conseil d'Etat se trouvant singulièrement amoindri par le fait qu'aucune association cultuelle ne s'est constituée, et manifestement ne se constituera dans l'avenir.

Ainsi : propriété des églises aux communes ; malgré cette propriété, maintien des édifices cultuels à leur destination primitive, c'est-à-dire à la pratique du culte qui y était antérieurement exercé ; droit des ministres du culte et des fidèles à réclamer le bénéfice de cette affectation. Droit, au sens vrai du mot, assorti d'une action en justice ; par sa nature même exclusif de tout autre ; exclusif aussi de toute idée de précarité ; opposable à quiconque voudrait y porter obstacle ; perpétuel ; collectif mais hiérarchisé ; applicable non seulement aux édifices cultuels proprement dits, mais à leurs dépendances immobilières comme aux meubles qui les garnissent ; susceptible d'être invoqué ensemble ou séparément par les ministres du culte et les fidèles pourvu qu'ils justifient être en communion avec leurs chefs hiérarchiques.

Telle est, en quelques traits, la situation présente.

Il s'en faut qu'elle réponde à tout ce que nous serions en droit d'exiger.

La jurisprudence cependant l'a faite moins intolérable qu'elle avait dû apparaître au premier abord.

Ce n'est pas la liberté, c'est seulement la possibilité de vivre; mais quand on songe que de toutes ces lois, notre orthodoxie et notre hiérarchie sont sorties intactes, malgré tant de tristesses qui s'en dégagent on se sent au cœur de la joie et de la fierté.

Nous y avons laissé nos biens, nous avons sauvé notre honneur : c'est ce qui importait.

Charles JACQUIER.

Doyen de la Faculté Catholique de Droit.

Imprimerie Emmanuel VITTE, rue de la Quarantaine, 18, Lyon.

www.ingramcontent.com/pod-product-compliance
Lightning Source LLC
Chambersburg PA
CBHW070801220326
41520CB00053B/4742